MÉMOIRE

POUR

LE CARDINAL MAURY.

MÉMOIRE

POUR

LE CARDINAL MAURY.

A PARIS,

Chez J. J. BLAISE, Libraire, quai des Augustins,
n°. 61, près le Pont-Neuf.

1814.

MÉMOIRE

POUR

LE CARDINAL MAURY.

Je me propose d'expliquer dans ce Mémoire deux événemens de ma vie, qu'on interprète aujourd'hui d'une manière défavorable. Un récit fidèle, appuyé sur des faits authentiques, me suffira pour justifier la cohérence de ma conduite avec mes principes. La malveillance cherche à dénaturer tout ; mais heureusement elle ne peut rien changer.

Dans le mois d'août 1804, le gouvernement monarchique étant rétabli en France, j'écrivis une lettre de félicitation au nouveau souverain, qui étoit déjà reconnu dans presque toute l'Europe.

Ensuite, dans le mois d'octobre 1810, je fus nommé archevêque de Paris ; ma seule nomination m'apprit que M. le cardinal Fesch avoit donné sa démission de cet archevêché. J'acceptai sans difficulté l'administration spirituelle que le chapitre métropolitain me déféra de lui-même immédiatement. J'ai exercé paisiblement cette juridiction durant près de quatre années.

On m'impute maintenant comme des torts cette lettre et cette administration. Voici les considérations et les motifs qui ont déterminé mon assentiment dans ces deux circonstances.

Au moment où N. S. P. le Pape Pie VII fut élu et proclamé souverain pontife, j'obtins de Sa Sainteté une lettre qu'elle écrivit de sa main à S. M. Louis XVIII, pour lui faire part de son exaltation au trône pontifical, comme aux autres princes catholiques. Cette lettre étoit une reconnoissance authentique du souverain légitime de la France.

Je transmis aussitôt au roi, avec lequel j'avois l'honneur d'entretenir la correspondance la plus suivie, cette noble récompense de mon zèle pour son service et pour sa gloire.

Sa Majesté daigna me témoigner sa satisfaction, en m'adressant aussitôt des lettres de créance qui me constituoient son ambassadeur à Rome.

Mais deux mois après cet événement, c'est-à-dire le 14 juin de cette même année 1800, le premier consul de la République française remporta la victoire de Marengo, qui le rendit maître de l'Italie. Il s'en prévalut pour ouvrir des négociations avec le Pape, en lui offrant la restauration du culte catholique en France, par l'organe du cardinal Martiniana, évêque de Verceil.

Le Saint Père reçut ces propositions avant son arrivée à Rome, qui fut retardée jusqu'au 6 du mois de juillet. Animée du pieux et grand dessein de rallier trente-cinq millions d'âmes au centre de l'unité catholique, Sa Sainteté consentit à l'ouverture des négociations.

Je me rendis à Rome, au moment de l'entrée solennelle du Pape qui revenoit de Venise. Je lui présentai, dans une audience particulière, les lettres de créance dont j'étois porteur. Sa Sainteté s'empressa de les lire ; et elle me dit ensuite, avec l'accent du regret, que sa situation actuelle ne lui permettoit pas de les recevoir.

Je m'imposai le silence le plus absolu sur cette mission diplomatique, ainsi que sur le refus forcé du Pape, et j'en rendis compte.

M. Cacaut, ministre de France, arriva bientôt à Rome. Je m'y rendis aussi pour assister, selon l'usage, au consistoire. Il en fut aussitôt instruit, et il demanda, par une note très-forte, mon retour dans mon diocèse.

Le Pape m'en fit donner immédiatement communication par M. le cardinal Joseph Doria. Je le tirai de tout embarras, en partant sur-le-champ de Rome, où je ne suis plus retourné depuis.

Les négociations relatives au Concordat, dont j'étois parfaitement instruit, et dont je rendois un compte exact, firent des progrès très-rapides. Je n'exerçois en France aucune juridiction spirituelle. Rien ne me fut communiqué officiellement sur cette grande affaire. Le Concordat ne me fut pas même envoyé par le secrétaire d'état, au moment de sa publication en 1802.

Le gouvernement monarchique fut ensuite rétabli en France dans le printemps de 1804. Le Pape ayant reconnu l'Empire français, et le chef de ce même gouvernement, Sa Sainteté subjuguée, comme toute l'Europe, par l'ascendant des circonstances, contracta l'engagement de venir à Paris sacrer le nouveau souverain.

Je fus mis alors en cause malgré moi, et obligé de m'expliquer sur ce nouveau gouvernement, sans prendre toutefois aucune espèce d'initiative.

Dans le mois d'août de la même année 1804, je reçus à Montefiascone une lettre que je conserve précieusement. Elle m'étoit écrite, ainsi qu'à tous les autres cardinaux, en vertu d'un ordre formel de Sa Sainteté, par le prélat, secrétaire de la congrégation du cérémonial, pour m'informer officiellement que le Saint Père venoit de reconnoître Napoléon souverain de la France, et qu'il nous ordonnoit de lui écrire une lettre de félicitation sur son avènement au trône.

Je fus assuré en même temps que tous les cardinaux avoient déjà exécuté cet ordre du Pape. Le rétablissement de la monarchie en France se rallioit à mes invariables principes. Dès-lors je ne pouvois rien opposer de raisonnable à cette forme de gouvernement; je me serois donc sacrifié sans espérance, sans nécessité comme sans fruit, en me séparant du chef suprême de l'Eglise, et de tout le Sacré Collége, par un refus isolé, inutile et très-désastreux pour moi dans ma solitude, où je me trouvois à la merci de la France alors toute puissante en Italie. D'ailleurs j'étois né sujet du Saint-Siége; j'étois régnicole sans être français d'origine. Cette considération particulière imposoit à mon obéissance le devoir absolu d'adhérer à la volonté et à l'exemple de mon souverain, dont j'habitois les états, où j'exerçois un ministère public.

Dominé par des observations d'un si grand poids, j'écrivis la lettre de félicitation qui m'étoit prescrite, et qui fut aussitôt fidèlement imprimée dans toutes les gazettes de l'Europe : mais je crus me mettre à l'abri de tout reproche, en prenant la précaution d'énoncer formellement, dans la première phrase de ma lettre, *que je me réunis-*

sois à tous les membres du Sacré Collége, pour me conformer aux ordres du Pape, en adressant à Sa Majesté le tribut de mes félicitations sur son avè-nement au trône.

On ne reproche aujourd'hui cet acte de sou-mission à aucun autre cardinal français, à aucun autre évêque de France, enfin à aucun autre sujet du Roi, quoiqu'ils m'eussent tous devancé, en allant même plus loin que moi dans cette adop-tion du nouveau Gouvernement, par la prestation de leur serment de fidélité, DEUX ANS AUPARA-VANT, à l'époque du Concordat.

A peine ma lettre devint elle publique en France, que je fus invité, par les offres les plus avantageuses, de venir à Paris, pour y assister au sacre. Ma délicatesse crut devoir s'y refuser, parce que ma présence ne m'y étoit commandée par aucun devoir.

Assuré de la publicité de ma lettre, je ne crus pas que le respect et le dévouement dont mon cœur a toujours été et sera toujours rempli, me permissent d'écrire au Roi, pour lui faire part de ma soumission à l'empire des circonstances. Mon apologie seroit devenue un outrage, si, après m'être ainsi prononcé, j'avois osé déclarer à une maison si auguste, et alors si malheureuse, que je désespérois, pour le trône de France, de la postérité de Saint-Louis.

Au milieu des angoisses de mon silence, dans le mois d'avril 1805, un ministre du nouveau monarque voulut bien me prévenir, et me faire engager à venir à Milan, pour le couronnement du Roi d'Italie, ou à me rendre à Gênes auprès de l'empereur Napoléon, si je n'avois pas le temps d'arriver à Milan, le 25 mai, fête de l'Ascension.

J'allai donc à Gênes. Le même ministre m'offrit avec beaucoup d'instances le traitement de cardinal français, une place au sénat, et le grand cordon de la légion d'honneur. Je crus ne devoir rien accepter dans ce moment ; et je fis agréer ma délicatesse, en la fondant sur la crainte qu'on ne m'accusât d'être venu vendre mes principes à la fortune.

On me fit promettre alors un prochain voyage à Paris. J'y vins en effet, mais au bout d'une année, six mois après la bataille d'Austerlitz. Ce fut M. Portalis, alors ministre des cultes, qui m'adressa un passe-port, sans que je l'eusse demandé, avec une invitation obligeante de me rendre dans cette capitale.

Je croyois n'y séjourner que trois ou quatre mois ; je ne demandai rien ; on me donna le traitement de cardinal français, à compter du 1er. octobre 1806. La campagne de Prusse commença : je fis des ouvertures sur mon retour en

Italie. On me répondit qu'il ne falloit pas y songer avant la conclusion de la paix.

Rappelons d'abord ici quelques faits importans, qu'il faut rallier à l'exposition des principes sur une matière autrefois si bien approfondie en France, si essentiellement unie aux intérêts du trône, et malheureusement si peu connue des Français depuis la décadence de nos grandes études.

C'est un fait récent et notoire, que l'assemblée du clergé de 1682 ayant irrité la cour de Rome, les papes Innocent XI, Alexandre VIII et Innocent XII refusèrent l'institution canonique à tous les évêques nommés par Louis XIV, depuis l'année 1681 jusqu'en 1693. Cinquante-neuf archevêchés ou évêchés de France devinrent vacans durant cet intervalle de douze années. Dès que ce refus des bulles fut articulé à Rome, Bossuet toujours aussi mesuré que lumineux dans les combinaisons de son génie, Bossuet consulté par Louis XIV lui conseilla de nommer comme de coutume à tous les siéges vacans, de recevoir le serment de fidélité des nouveaux prélats, de les mettre en possession de leur temporel, de les faire installer administrateurs spirituels par les chapitres respectifs, et de les investir ainsi de tous les pouvoirs juridictionnels de l'épiscopat dans chaque diocèse, conformément à la discipline générale de l'Eglise, et aux décrets du saint concile de Trente.

Tous les évêques nommés administrèrent ainsi la plénitude de la juridiction épiscopale. Il y eut, comme de nos jours, un grand nombre de translations. Les évêques déjà sacrés exercèrent librement, dans leur nouvelle église, les pouvoirs de l'ordre et de l'épiscopat. On en trouve l'énumération dans la *Gallia christiana* des Bénédictins. Mais il manque encore à ce grand ouvrage les deux métropoles de Tours et de Besançon. Pour éviter l'inutile étalage d'une érudition fastueuse et commune, je me bornerai ici à la seule métropole d'Aix en Provence. Cet archevêché ayant vaqué le 4 novembre 1685 par la mort du cardinal Jérôme de Grimaldi, doyen du Sacré Collége, le Roi y nomma, dans le même mois de novembre 1685, M. Legoux de la Berchère, évêque de Lavaur, lequel fut administrateur capitulaire de la métropole d'Aix jusqu'au mois de janvier 1687. Il fut alors nommé à l'archevêché d'Alby, qu'il administra de même avec les pouvoirs du chapitre métropolitain d'Alby jusqu'en l'année 1693, en retenant toujours son titre et sa juridiction d'évêque de Lavaur jusqu'à la nomination de M. de Mailli, son successeur, auquel il communiqua tous ses pouvoirs pour gouverner ce diocèse. Cette translation fut suivie de la nomination de M. de Cosnac, évêque de Valence et de Die, à l'archevêché d'Aix, dans le mois de janvier 1687. M. de Cosnac, ainsi transféré, conserva également son titre et ses droits d'évêque titulaire de Valence et de Die, alors réunis canoniquement. Il fut paisiblement administrateur capitulaire de la métropole d'Aix, jusqu'à l'obtention de ses bulles en 1693. Ces deux exemples, parfaitement identiques avec ma situation personnelle, ne seront jamais contestés, et ils me dispensent d'en citer ici aucun autre.

Ces pouvoirs capitulaires furent alors regardés en France comme irrévocables, entre les mains des prélats nommés : on en trouvera la démonstration dans la suite de ce Mémoire. Le clergé de France pensa unanimement, et sans aucune opposition, que les chapitres, simples dépositaires, dans la vacance du siége, de la juridiction épiscopale, dont le concile de Trente leur défend d'exercer eux-mêmes les fonctions, ne pouvoient plus la retirer sans l'intervention de la province ecclésiastique, dès qu'ils avoient déféré cette juridiction dans son intégrité, en la cédant à son héritier présomptif. On ne peut plus considérer cette cession totale comme une simple grâce particulière, qu'on retire quand on veut. Rien n'est plus conforme aux saints canons que cette juste déférenee entre les actes ordinaires de la juridiction gracieuse et sa transmission complète.

En effet, un prélat nommé, et bien plus encore, un évêque déjà revêtu du caractère épiscopal, ne peut dans aucun cas, selon les canons, devenir dépendant et justiciable du clergé du second ordre. On ne pourroit pas le traduire devant une officialité, parce que ce tribunal seroit incompétent pour le juger. On verra bientôt que telle est la discipline constante de l'Eglise de France ; elle est aussi la discipline constante et universelle de l'Eglise, qui défère par-tout le jugement des évêques à l'autorité canonique du concile métropolitain.

On comprit ainsi parfaitement dans l'école de Bossuet qu'aucun évêque nommé, à plus forte raison aucun évêque déjà sacré, ne se seroit jamais soumis à gouverner une église qui leur étoit déjà fiancée par leur nomination, et que l'institution canonique devoit leur donner pour épouse, sous la dépendance arbitraire d'un chapitre. On comprit et on reconnut que leur qualité d'administrateurs capitulaires, ou d'évêques de fait, les constituoit, de plein droit, supérieurs et juges de tous les membres du chapitre lui-même, selon l'ordre commun, ainsi que de tout le clergé du diocèse, toujours soumis à la juridiction épiscopale. Aucun chapitre de France ne prétendit jamais, dans ce grand dix-septième siècle, avoir le droit de révoquer les pouvoirs spirituels, après les avoir déposés entre les mains des évêques nommés. Lisez les procès-verbaux des assemblées du clergé tenues pendant ce régime provisoire. On n'y trouve pas un seul exemple d'une pareille entreprise capitulaire dans les cinquante-neuf diocèses qui furent administrés ainsi pendant douze années consécutives. Le gouvernement et l'épiscopat ne l'auroient pas souffert.

Rome n'imagina jamais alors de contester un moyen si canonique de gouverner les églises vacantes. Rome qui connoissoit l'admirable constitution de l'Eglise, approuva, par son silence, cet expédient dilatoire qui ne compromettoit aucun droit, préparoit les voies à un accommodement, et pourvoyoit aux besoins spirituels des diocèses, sans introduire aucune innovation, comme sans blesser aucun principe. Le pape Innocent XII accorda enfin l'institution canonique à tous les archevêques ou évêques nommés, qui formoient, en 1693, la moitié de l'église gallicane, et qui étoient depuis douze ans administrateurs capitulaires des siéges vacans. Rome n'en écarta pas un seul. On se contenta de faire écrire par les évêques nommés, qui avoient été députés à l'assemblée de 1682, une lettre au Pape, pour lui attester qu'ils n'avoient entendu rien décréter en souscrivant la déclaration du clergé. En effet, ce n'est point un décret, c'est une simple déclaration traditionnelle de l'église de France, qui expose ses anciens sentimens sans prétendre censurer ses adversaires. On trouve une explication lumineuse de cet accommodement dans le treizième et dernier volume des œuvres de M. le chancelier d'Aguesseau.

Ces principes et ces faits conservatoires sont également consignés dans l'adresse que je fis pour le chapitre de Paris, et qui fut présentée au palais des Tuileries le 6 janvier 1811. On n'a rien opposé jusqu'à présent à cette doctrine solennellement professée par le chapitre métropolitain, qui réunit et fixa l'opinion publique. Non-seulement elle ne fut pas contredite, mais encore tous les évêques d'Italie, à l'exception du clergé Napolitain qui ne fut point interpellé, y adhérèrent pleinement par des actes individuels et authentiques. Il faut donc réfuter et confondre Bossuet ; il faut anéantir l'autorité de cette doctrine et de ces exemples, pour attaquer avec succès la légitime administration capitulaire des évêques nommés. C'est la cause du saint concile de Trente, c'est la cause de l'église, c'est la cause de l'état, c'est la cause du Roi qui, en suivant ainsi la route tracée sous le règne de Louis XIV, n'a point d'autre recours canonique adopté par un si grand et si religieux monarque, pour préserver les siéges vacans du refus de l'institution épiscopale.

Ces refus avoient été vainement prévus, sans qu'on y apportât aucun remède, dans les délibérations mémorables qui précédèrent l'enregistrement du concordat de Léon X avec François Ier. Le cardinal chancelier Duprat prétendit que ce danger étoit une chimère impossible à supposer. Cependant Rome avertissoit dès-lors la prudence des Français, en réservant au Saint-Siége, par droit de dévolution, la nomination aux évêchés que le Roi laisseroit vacans pendant plus de six mois.

Déjà, sur la foi de cette discipline, que l'éducation ecclésiastique ne doit pas laisser ignorer au jeune clergé, plusieurs administrations capitulaires s'exerçoient en France par les évêques dont la nomination avait précédé la mienne. Aucune espèce de contradiction ne leur a été opposée jusqu'au samedi-saint de cette année. On a publié alors seulement, et traduit en français avec le texte latin, un bref qu'on dit m'avoir été adressé, par N. S. P. le Pape, le 5 novembre 1810.

Je me crois autorisé, et même obligé par le droit naturel, à une légitime défense, en me permettant quelques observations respectueuses sur ce bref qu'on vient d'imprimer trois ans et demi après sa date.

Je déclare d'abord que ce bref ne m'est jamais parvenu. S'il a été confié à un mandataire chargé de me le remettre, on peut s'assurer par lui-même qu'il ne s'est pas acquitté de sa mission ; et s'il m'a été adressé de Savone par la poste, il ne pouvoit certainement pas m'arriver par cette voie. Ma déclaration est d'autant plus sincère, qu'elle est absolument désintéressée, et que je ne prétends nullement me défendre ici par de simples *fins de non-recevoir*.

En supposant donc que j'eusse eu connoissance de ce bref, j'aurois certainement gémi de voir le déplorable abus qu'on a fait de la confiance du Saint Père, dans un temps où n'ayant ni liberté, ni conseil, il ne pouvoit être chargé d'aucune responsabilité. Mais je n'aurois pas éprouvé le moindre embarras, pour dissuader pleinement Sa Sainteté des faux rapports qui lui avoient été adressés, et qui se trouvoient malheureusement adoptés dans une lettre, dont chaque article me fournissoit une réfutation sans réplique.

J'ai dû croire d'autant plus réellement ce

bref supposé, que Sa Sainteté ne m'a jamais dit un seul mot de cette lettre dans mes nombreux voyages à Fontainebleau, où j'ai eu l'honneur de l'entretenir plusieurs fois des affaires relatives à l'administration du diocèse de Paris.

Je me bornerai à citer ici ce qui me concerne dans ce bref, et je vais me servir de la traduction imprimée à Paris, pour prouver que je ne cherche nullement à l'affoiblir.

On y suppose que *je suis parfaitement instruit de la lettre écrite le 26 août 1809 au cardinal Caprara, dans laquelle nous avons exposé les motifs puissans qui nous faisoient un devoir, dans l'état présent des choses, de refuser l'institution canonique aux évêques nommés par l'Empereur.*

Or, le cardinal Caprara mourut le 24 juin 1810, cinq mois avant ma nomination à l'archevêché de Paris; et depuis plus d'un an il avoit perdu, avec le sens de la vue, l'usage de la parole. Je proteste qu'il ne m'a jamais communiqué cette lettre, dont l'objet m'étoit totalement étranger jusqu'au 14 octobre 1810, jour de ma nomination. La suspension des institutions canoniques n'étoit cependant ignorée de personne en France. Mais ce refus n'interrompoit nullement les nominations aux évêchés, qu'on acceptoit sans difficulté, sans attenter aux prérogatives du Saint-Siége. Les refus des sujets nommés seroient devenus une source continue de désastres pour l'église de France.

D'après cela nous n'aurions jamais cru que vous eussiez pû recevoir de l'Empereur cette nomination, et que votre joie, en nous l'annonçant, fût telle que si c'étoit pour vous la chose la plus agréable et la plus conforme à vos vœux.

Je n'ai jamais soupçonné que l'acceptation de ma nomination pût déplaire à Sa Sainteté. Rien ne m'avoit préparé à une pareille crainte : aussi n'en trouve-t-on aucune indice dans la lettre que j'eus l'honneur d'écrire au Saint Père pour lui faire part de ma nomination, comme d'une nouvelle imprévue qui ne m'avoit causé que de la surprise et de l'effroi. J'étois si loin de m'en réjouir, qu'au moment où je venois de l'apprendre mon abattement fit croire à toute la cour que j'avois encouru la plus entière disgrace.

Vous ne rougissez pas de prendre parti contre nous, dans un procès que nous ne soutenons que pour défendre la dignité de l'Eglise. Est-ce ainsi que vous faites si peu de cas de notre autorité, pour oser en quelque sorte, par cet acte public, prononcer contre nous, à qui vous devez obéissance et fidélité ?

Un an auparavant j'avois eu l'honneur d'écrire au Pape, comme plusieurs autres évêques, une lettre motivée et respectueuse pour le supplier de ne pas priver les églises vacantes du ministère de leurs premiers pasteurs : mais certes, mes humbles représentations n'étoient nullement inspirées par un esprit de parti contre le Saint-Siége. Je n'ai jamais pris , je suis incapable de prendre jamais aucun parti contraire à Sa Sainteté , dont je révère profondément les hautes vertus et le courage héroïque. Je n'ai jamais rien fait , rien dit, rien écrit qui pût blesser la personne sacrée et la suprême dignité du vicaire de Jésus-Christ. Depuis ma nomination, je me suis imposé le silence le plus absolu sur cette suspension des bulles; je ne me suis jamais érigé en juge dans ma propre cause. J'ai donné, comme je le devois, l'exemple de la résignation et de la soumission. Si quelqu'acte secret ou public dément cette assertion , je supplie très-humblement qu'on daigne le produire au grand jour.

Mais ce qui nous afflige encore davantage, c'est de voir qu'après avoir mendié près du chapitre l'administration de l'archevêché, vous vous soyez, de votre propre autorité, et sans nous consulter, chargé du gouvernement d'une autre église.

Je réponds à cette imputation par des faits authentiques. Je fus nommé le dimanche 14 octobre 1810, je revins de Fontainebleau le lendemain lundi, et j'arrivai à Paris à dix heures du soir. Le mardi 16 octobre je ne reçus personne. A onze du matin une députation du chapitre métropolitain, instruit de ma nomination par S. E. le ministre des cultes, m'apporta l'acte capitulaire qui venoit de me déférer l'administration du diocèse de Paris. Tous les membres du chapitre rendront témoignage à la vérité de ce récit. Je n'ai donc pas *mendié*, je n'ai pas même demandé cette administration ; mais je n'ai pas cru devoir la refuser. J'ai fondé mon acceptation sur l'exemple et sur l'autorité mémorable de ce qui s'étoit pratiqué pendant douze ans dans l'église de France, sous le règne classique de Louis XIV. Ce n'est donc nullement de ma propre autorité que je me suis chargé de cette administration, et j'ai eu l'honneur d'en informer moi-même immédiatement Sa Sainteté, déjà instruite de ce régime spirituel établi dès-lors dans plusieurs évêchés vacans.

Vous auriez dû imiter le bel exemple du cardinal Joseph Fesch, archevêque de Lyon, lequel, ayant été nommé avant vous au même archevêché de Paris, a cru devoir si sagement s'interdire toute administration spirituelle de cette église, malgré l'invitation du chapitre.

M. le cardinal Fesch avoit accepté formellement l'administration capitulaire du diocèse de Paris. Personne n'ignore qu'il sollicita, pendant plus d'une année, avec l'expédition de ses bulles comme archevêque de Paris, la permission de conserver l'archevêché de Lyon, dont il étoit titulaire, et l'expectative, avec droit d'option, de l'archevêché souverain de Ratisbonne, dont il étoit élu coadjuteur, pour succéder au Prince-Primat. Rome autorise, ainsi quelquefois en Espagne et en Italie, la réunion de deux églises sur la même tête. Mais depuis le concile de Trente, cette réunion n'est plus tolérée, et on n'en voit plus aucun exemple en France. L'Eglise Gallicane et nos Rois Très-Chrétiens, ses augustes protecteurs, ne consentent jamais à ces réunions, de peur qu'on pût en induire que le lien épiscopal n'est pas de droit divin, puisque le Pape peut en dispenser, en permettant à un évêque d'avoir plusieurs églises pour épouses. L'exemple cité de M. le cardinal Fesch, ne peut donc pas m'être opposé.

Nous ne rappellerons pas qu'il est inouï, dans les annales ecclésiastiques, qu'un prêtre nommé à un évêché ait été engagé par les vœux du chapitre à prendre le gouvernement du diocèse, avant d'avoir reçu l'institution canonique. . .

L'histoire ecclésiastique de France, dans le

17ᵉ. siècle, prouve que l'administration capitulaire des évêques nommés n'est point inouie
dans les annales de l'Eglise. Ce fait incontestable
me tient lieu de toute autre recherche. Si un
évêque ne peut pas s'appuyer aujourd'hui, avec
la plus entière sécurité, sur un exemple d'un si
grand poids, quelle sera donc désormais l'autorité digne de garantir sa confiance !

*Nous n'examinons pas (et personne ne sait
mieux que vous ce qui en est), si le vicaire capitulaire élu avant vous a donné librement et de
plein gré la démission de ses fonctions, s'il n'a pas
cédé aux menaces, à la crainte ou aux promesses,
et, par conséquent, si votre élection a été libre,
unanime, et régulière.*

Je sais, en effet, parfaitement ce qui en est.
J'atteste donc hautement tout le chapitre métropolitain, afin qu'il déclare avec moi qu'il n'y
avoit pas seulement un vicaire capitulaire, mais
qu'on en comptoit trois, outre deux surnumé-
raires, dans la métropole de Paris, lorsque j'en
acceptai l'administration ; que je n'ai exigé aucune démission de ces messieurs ; qu'ils ont tous
continué d'exercer librement leurs fonctions, en
tout ce qui étoit compatible avec mon administration ; que je les ai tous conservés dans mon
conseil ; enfin, qu'aucun d'eux n'a cédé aux menaces, à la crainte ou aux promesses, en me dé-

férant cette administration à mon insu. Si je ne dis pas la vérité, il est facile de me confondre.

Mais d'ailleurs, qui vous a dégagé de ce lien spirituel qui vous unit à l'église de Montefiascone? Qui est-ce qui vous a donné des dispenses pour être élu par un chapitre, et vous charger de l'administration d'un autre diocèse?

Je reconnois positivement qu'aucune autorité ne m'a dégagé de mon lien spirituel avec l'église de Montefiascone ; aussi en ai-je toujours conservé le titre, et constamment gouverné le diocèse par une correspondance continue avec mes grands-vicaires. J'ai constamment pris ce titre dans tous mes actes publics, et je me suis déclaré administrateur capitulaire de l'archevêché de Paris, pendant la vacance du siége. Est-ce ainsi qu'un évêque se dégage de son lien spirituel avec son église?

Je n'ai demandé, et l'on ne m'a donné aucune dispense pour administrer l'archevêché de Paris : je n'en avais pas besoin, en me conformant à l'exemple de ce qui s'étoit pratiqué en France, avant moi, pendant douze années, et à l'invincible autorité que les jurisconsultes appellent *du dernier état*. Aucune loi de l'Eglise ne défend à un évêque d'ajouter à la juridiction de son titre une légitime commission qui l'autorise à exercer d'autres pouvoirs spirituels reconnus dans la dis-

cipline de l'Eglise. Je n'ai sollicité aucune dispense, parce que je ne m'affranchissois d'aucune
règle, en usant du droit commun que je trouvois
établi dans l'église de France. Les évêques déjà
sacrés et titulaires, qui acceptèrent en grand
nombre l'administration capitulaire de leurs
nouvelles églises dans le 17e. siècle, n'avoient
demandé ni autorisation ni dispense, parce qu'ils
ne dérogeoient nullement aux lois de l'Eglise,
en exerçant un droit public consacré par le concile de Trente. Rome ne s'en plaignit point. Aucune parole de blâme ne se fit entendre du haut
de la Chaire de Saint-Pierre durant les douze années de ce régime qui n'excita pas la moindre
contestation dans l'église de France. Une pareille
autorité répond à toute opposition.

Ce grand exemple prouve invinciblement, par
le droit comme par le fait, qu'on peut conserver
provisoirement son évêché en titre, et administrer un autre diocèse, en acceptant les pouvoirs
capitulaires. Une commission canonique, ainsi
garantie, ne sauroit donc être présentée ni comme
une innovation, ni comme un grief contre moi.
Privé ensuite, comme tous les autres cardinaux,
de la liberté de résider dans mon diocèse, pendant toute la durée de mon administration capitulaire, j'ai dû regarder comme autorisé tout ce
qui ne m'étoit pas défendu par les lois de l'Eglise,

tout ce que je trouvois appuyé sur l'exemple d'une époque si mémorable dans l'histoire la plus récente et la plus signalée de l'Eglise Gallicane.

Je ne découvre plus aucun autre reproche dans le Bref dont je viens de discuter avec respect et soumission tous les articles qui me sont personnels.

Les évêques nommés, administrateurs capitulaires de leurs églises, depuis 1682 jusqu'en 1693, jouissoient des droits de leurs nouveaux siéges dans une telle plénitude, qu'ils furent admis en grand nombre, sans la moindre opposition, comme députés aux assemblées générales du Clergé qui se tinrent durant cette époque.

Ainsi, dans l'assemblée de 1685, on trouve parmi les députés M. de Saint-George, nommé évêque de Clermont, et depuis archevêque de Lyon ; M. de la Beaume de Suze, ancien évêque de Tarbes, nommé archevêque d'Auch. *Procès-verbaux du Clergé, t. V, pag. 560 et 561.*

Dans l'assemblée de 1688, à l'archevêché de Paris, on compte parmi ses membres M. Legoux de la Berchère, évêque de Lavaur, nommé à l'archevêché d'Alby, M. de Cosnac, évêque de Valence et de Die, nommé archevêque d'Aix, M. Hervé nommé évêque de Gap, M. Desmaretz nommé évêque de Riez, M. de Villeneuve de Vence, nommé évêque de Glandève, M. de Mailli nommé évêque de Lavaur, M. de Nesmond nommé évêque de Montauban, et M. de Beauvau nommé évêque de Sarlat. *Procès-verbaux du Clergé, t. V, pièces justificatives, pag. 301.*

Enfin, dans l'assemblée de 1690, on voit parmi les députés M. de la Hoguette, évêque de Poitiers, nommé archevêque de Sens; M. de la Berchère, évêque de Lavaur, nommé archévêque d'Alby; M. de Cosnac, évêque de Valence, nommé archevêque d'Aix; M. de Colbert, évêque de Montauban, nommé archevêque de Toulouse; M. de Saint-George nommé archevêque de Tours; M. de Poudens nommé évêque de Tarbes, M. de Verjus nommé évêque de Grasse, M. de Vintimille nommé évêque de Marseille, M. Boschard de Champigny nommé évêque de Valence, et M. Bochard de Sarron nommé évêque de Clermont. *Procès-verbaux du Clergé, t. V, pag. 641.*

Tous ces prélats représentèrent ainsi la province ecclésiastique dans laquelle ils étoient évêques nommés et administrateurs capitulaires. De pareils faits ont une évidence d'autorité qui termine toute discussion.

C'étoit une règle invariable du Clergé de France, de n'admettre jamais pour députés, que des bénéficiers pourvus d'un titre de bénéfice dans l'enclave de la métropole que la députation représentoit. En choisissant et en admettant des évêques nommés, les provinces ecclésiastiques et les assemblées générales du Clergé ne regardoient donc pas ces prélats nommés, et administrateurs capitulaires, comme révocables à volonté par les chapitres. Cette observation est d'autant plus importante, que, dans l'assemblée de 1690, dix archevêques ou évêques nommés formoient plus de la moitié des députations.

Or, une commission transitoire n'auroit certainement pas été un titre suffisant pour autoriser ces évêques administrateurs à contracter les obligations qu'on imposoit à leur province ecclésiastique dans les assemblées du Clergé. On sait, avec certitude, que les grands-vicaires ne pouvoient jamais s'y faire députer sans être titulaires d'un bénéfice inamovible, dans l'étendue de la métropole qu'ils représentoient. Cette loi ne fut point imposée aux évêques nommés ; il est donc évident que le Clergé reconnut leur administration irrévocable.

JE. SIF. Card. MAURY.

Paris, 12 mai 1814.

DE L'IMPRIMERIE DE LEFEBVRE, RUE DE BOURBON, N°. 11, F. S.-G.